DISSERTATION

HISTORIQUE ET CHRONOLOGIQUE,

Sur la vie de l'archidiacre de Langres VALLEY, ou VALLERE, le lieu & le temps de sa mort,

Et sur la mort d'URSULE, fille du Roi de CORNUAILLE, et de ses onze mille Compagnes.

Par le Solitaire d'Ess...

Ce ne serait pas agir en homme, que de croire sans examen ce qu'on nous dit s'être passé dans les siècles fort reculés. Elémens de l'Hist., par l'abbé de VELLEMONT.

A DIJON,

De l'imprimerie de CARION, rue de la Liberté, n°. 895.

AN XI.

DISSERTATION

Sur la vie de l'archidiacre de Langres VALLEY, ou VALLERE, le lieu et le temps de sa mort.

LANGRES a une origine si reculée, qu'il y en a qui croient qu'elle fut bâtie peu de temps après la tour de Babel. Des monumens qu'on y a découverts, semblent établir qu'elle est plus ancienne que Trèves, qui cependant avait été bâtie 1300 ans avant Rome (1). L'état du Langrois se conserva en forme de République, jusqu'au ravage des *Vandales*, c'est à-dire jusqu'à l'an 407 de l'ère vulgaire (2). Ce pays était gouverné par des Patrices; cette dignité se conserva sous Gontran, roi de Bourgogne, & elle était le comble de l'illustration (3).

L'histoire fait mention d'une famille patricienne Langroise appelée *Valley*, *Vallere* ou *Vallier* (4).

L'église de Langres doit ses commencemens à l'apôtre Benigne, qui vint dans les Gaules prêcher la foi, vers l'an 152, et qui y souffrit le martyre en 173 (5). Pendant que l'évêque Didier tenait le siège épiscopal de Langres, *Vallere* ou *Vallier*, né d'une famille patricienne de la

---

(1) Hist. de Bourgogne, par Mille, tom. 1, page 47.
(2) Hist. ecclésiast. et civile de Langres, par Mangin, tom. 1, page 13.
(3) Diction. diplomique de Devaines.
(4) Breviaire de Besançon. Légendes.
(5) Hist. de Bourgogne, de Courtépée.

ville, était revêtu de l'archidiaconat; cette dignité n'était alors accordée qu'au premier des diacres ; elle cessait quand ils parvenaient à la prêtrise (1).

De la ruine de Langres et des massacres de Didier, évêque de la même ville, et de son archilévite Vallier.

Crocus ou *Chrocus*, roi des Vandales, ayant demandé à sa mère (2) par quel moyen il rendrait son nom célèbre, elle lui conseilla de ruiner les plus beaux bâtimens qu'il rencontrera ; de détruire les villes & massacrer les habitans. Réuni aux Suèves et aux Allemans pour ravager la Gaule, il commença d'exécuter ce détestable conseil, par la ruine entière de Mayence, par celle de Metz dont les murailles, comme par miracle, tombèrent à son arrivée ; mais il n'en put faire autant à Trèves, parce qu'elle se défendit avec quelques cohortes qui se retranchèrent dans les Arènes. Langres voulut résister d'abord; mais le nom de Crocus désarma les habitans qui furent se cacher aulieu de songer à se défendre. La ville fut emportée, & la flamme dévora ce qu'avait épargné le fer (3). Il se retira avec son armée par la voie romaine jusqu'à Til-Château qu'il pilla, et il donna la mort au chrétien Florent; il ne passa point par Dijon, qui, plus fortifié que Langres, pouvait lui résister. Ce

___

(1) Diction. diplomatique de Devaines.
(2) Abrégé de l'histoire de France, de Mézeray, tom. 7, page 207.
(3) Histoire de la Germanie ancienne, par Montigni, tome 1, page 312.

chemin ferré le conduifit à Châlon & à Mâcon (1); delà il fe rendit en Auvergne, en portant avec lui l'incendie, le meurtre & le pillage.

Crocus aurait pouffé plus loin fes fureurs; mais heureufement pour les Gaules, qu'étant defcendu en Provence où il affiégeait *Arles*, Marius, officier de l'Empereur, eut affez d'adreffe pour le furprendre. Le roi barbare n'ayant pu s'échapper des mains de ce jeune officier, fut chargé de chaînes & donné en fpectacle dans toutes les villes où il avait fait couler tant de fang (2); enfin, après plufieurs tourmens, il fut décapité par le commandement du gouverneur Marianus (3).

L'évêque Didier, efpérant fléchir le barbare Crocus, lors de fon paffage par cette ville, fut le trouver, & lui préfentant un Crucifix, le pria de reconnaître dans cette image le fils de l'éternel, & de lui faire grace ainfi qu'à fes compatriotes. Le tyran ne lui montra que du mépris, & fans écouter fes pieufes remontrances, il lui fit trancher la tête ainfi qu'à tous ceux qui l'avaient accompagnés (4).

Cette cruelle exécution ne fut pas fans de prétendus prodiges : car on croit que, comme Didier, lorfqu'il fut arrêté & qu'on lui coupa la tête, tenait le livre des évangiles entre fes mains, le fang qui rejaillit,

---

(1) Manuscrit de l'hift. de Langres, bibliot. du ci-devant roi.
(2) Mézeray, avant Clovis, tome 7, page 207, et Grégoire de Tours.
(3) *Idem*.
(4) Vie de l'Empereur Gallien, Hift. de la Germanie ancienne, page 312.

tomba sur les feuillets de ce livre sans en effacer aucune lettre (1).

VALLEY, VALLERE ou VALLIER, archidiacre de l'église de Langres, était un homme de haute naissance, de sang patricien, ancien sénateur ou seigneur, c'est-à-dire issu de ceux qui autrefois avaient gouverné dans les Gaules. Il était encore plus illustre par sa piété que par sa noblesse. L'évêque Didier connaissant sa sagesse, & sa charité envers les pauvres, le fit son archidiacre, & lui confia l'administration des biens de

---

(1) Histoire ecclésiastique de Langres, par Mangin, tome 1, page 121.

Vincent, miroir historial, tom. 3, page 141, rapporte que Crocus ayant mis le siège devant Langres, l'évêque Didier se promena sur les murs de la ville, en chantant des hymnes pour la défendre ; qu'étant prise, il se retira dans une église, où on le décapita ; que le coup ayant porté sur son breviaire, il y eut beaucoup de feuillets de percés, sans qu'aucune lettre fût endommagée ; que l'on montre ce livre en cet état, et teint encore du sang de l'évêque Didier.

Mangin, en son hist. ecclésiast., dit qu'il fut décapité hors des murs de la ville.

Une des plus grandes merveilles fut, à ce qu'assurent les écrivains de ses actes, que le corps du martyr se releva de lui-même, prit son chef entre ses mains, et marcha jusqu'au lieu où il voulait être inhumé. Mangin, hist. de Langres.

Denis Gauterot explique ce fait différemment : il dit que le bourreau, après l'avoir décapité, furieux de le voir marcher la tête entre ses bras, et courant après lui pour le frapper, se brisa la tête contre la muraille de la ville. *Anastase de Langres.*

Nous rapportons ces notes telles que nous les trouvons. Nous savons trop que des absurdités monacales ne sont pas des articles de foi, et que la religion consiste dans l'adoration de Dieu, dans une vie pure, dans les bonnes œuvres, et non dans une crédulité imbécille pour des sottises du pédagogue chrétien.

l'èglise pour subvenir aux nécessités des pauvres, des veuves et des orphelins. Après le massacre de son prélat, la ville étant au pillage, et renversée de fond en comble, cet archilévite voyant tout le troupeau dispersé, tâcha de le rallier & de lui procurer son salut par la fuite, son dessein étant de le ramener par après, & de lui servir lui-même de pasteur. Ainsi, voulant dérober à la rage du tyran ce qui restait d'habitans, il les conduisit dans le comté de Bourgogne pour les cacher dans les bois du *Mont-Jura*; mais à peine était-il arrivé à Port-sur-Saône, qu'il fut pris par ces mêmes barbares, & décapité, après avoir enduré une infinité de tourmens (1).

L'histoire de son martyre apprend qu'étant au milieu des tourmens, & élevant son cœur & ses yeux au ciel pour obtenir la force & la consolation, il ouït une voix qui lui cria: *Vallier ne te rends pas à ce supplice passager, mais réjouis toi sur la certitude d'une récompense.* Il fut consolé, disent d'autres historiens de sa vie, par un ange qui lui présenta, au milieu des supplices, une belle étoile blanche, en lui disant: *Vallier, chéri de Dieu, reçois ce présent qu'il t'envoie* (2). Il souffrit avec joie la mort, et son ame, séparée de son corps, fut portée au Ciel par les anges.

Ses reliques restèrent quelque-temps dans l'oubli. Le duc Gauderic, qui allait combattre les Lombards, en

---

[1] Manuscrits de l'histoire de Langres, bibliothèque du ci-devant Roi. Legende du breviaire de Besançon. Hist. de Langres, par Mangin, tom. 1, page 125.

[2] Manuscrits sur Langres, bibliot. du ci-devant roi. *Gallia christiana*. Liste des évêques de Langres. Mangin, histoire de Langres, tom. 1, page 126. *Voilà ce que l'auteur du manuscrit raconte sérieusement; prions Dieu pour le bon sens de cet auteur!*

ayant eu révélation, fit un vœu de lui bâtir une église; ce qu'il exécuta après avoir remporté la victoire (1).

DU LIEU DE LA MORT DE L'ARCHILÉVITE VALLIER, ET DE SES RELIQUES.

PREMIÈRE OPINION.

Le lieu de sa mort & de sa sépulture est appelé en langue latine, *portus Bucinus* ou *Abucinus* que Claude Robert, en sa liste des évêques de Langres, dit être le port de Loüe au comté de Bourgogne, à une lieue et demie de Salins, où l'on dit que sont ses reliques, comme il en est patron, et dont la fête est marquée dans le calendrier de l'église de Besançon (2).

Jean-Jacques Chifflet appelle le lieu où l'archilévite a été mis à mort, *portum Lucini*, et en langue vulgaire, le port de Loüe ou Léné en l'évêché de Besançon, et variant dans son opinion, il donne à croire que ce fut à Pontarlier. (3)

Le martyrologe rapporte qu'il reçut la mort en un lieu nommé port Buxin, et vulgairement le port de Loüe auprès de Salins (4).

C'est aussi l'opinion de Samson qui a suivi Chifflet (5).

---

[1] Hist. de l'église de Besançon. Dunod, hist. du comté de Bourgogne. Ducange, Droz; hist. de Pontarlier.

(2) Histoire de Langres, manuscrite, à la bibliothèque du ci-devant roi.

(3) Gautherot, hist. de Langres; ou Anastase de Langres.

(4) Vies des Saints, édit. de Paris 1715.

(5) La Franche-Comté ancienne et moderne, par Joly, capucin.

Deuxième opinion.

Cluvier dans le 2e. livre de ses antiquités d'Allemagne, annonce que l'archidiacre Vallier fut mis à mort à Montbéillard (1).

Troisième opinion.

Un vieux missel de la notice des provinces, prend *portus Bucinus* pour Bâle, ou pour un lieu prochain (2).

Quatrième opinion.

La chronique des ex-bénédictins de Dijon, et d'autres mémoires, annoncent que ce lieu est Molême, ancienne abbaye ruinée dans le Tonnerrois, fondée en 1075. Le corps de l'archidiacre y était autrefois visité par un grand concours de peuple le jour de sa fête qui est le 22 octobre (3).

Cinquième opinion.

Le Martyrologe de Langres rapporte que le corps de l'archidiacre Vallier, repose en l'abbaye St.-Michel de Tonnerre qu'il appelle *Melugdense monasterium* (4).

Sixième opinion.

Gauterot, dans son Anastase de Langres, dit sur le rapport de Pierre Gauthier, avocat, né à Ouges, que *portum Bucini* est Port-sur-Saône, qu'en ce lieu il y

---

(1) Anastase de Langres tirée du tombeau de son antiquité.
(2) Hist. manuscrite de Langres, bibliothèque nat^{le}. de Paris.
(3) Hist. manuscrite de Langres, bibliothèque nationale de Paris. Orderic, liv. 8. Courtépée, hist. de Bourgogne, l. 1. pag. 373.
(4) Gautherot. Anastase de Langres, pag. 103 et suivantes.

a une église dédiée à l'archilévite, d'un côté de la rivière et des ruines d'une tour qu'on appelle encore à présent tour des Trompettes (1).

Le capucin Joly, jugeant par l'inspection des lieux, la situation avantageuse de ce bourg, sa rivière navigable, son commerce, ses marchés, et par la légende qui porte que l'archidiacre a reçu la mort proche Port Abucin, pense que ce lieu est Port-sur-Saône; il étaye ce sentiment sur le village qui porte le nom de Vallier, l'église qui possède ses reliques, et la fête qu'on y célèbre le 23 octobre (2).

L'histoire manuscrite de Langres, dans son incertitude, le fixe à Port-sur-Saône, sur le grand et vieux chemin pavé pour passer au comté de Bourgogne (3).

Dunod, et l'opinion commune fixent *portus Bucinus* Port-sur-Saône (4).

De Valois cite une vie manuscrite de l'évêque de Langres Urbain, qui porte que Vallier son archidiacre, étant entré dans le territoire des Séquanois, s'acheminait vers le Mont-Jura; que sur cette route, il arriva à un endroit peu éloigné de Port-sur-Saône, que les habitans, *ex antiquá*, appellent *portum Bucinum*, & qu'il y fut mis à mort par les Vandales. Sa fête est marquée dans l'ancien calendrier de Besançon, 10 *kalend. nov. apud castrum Bucinum S. Valerii archid. Lingon.* (5).

―――――――――――

(1) *Idem*. Encyclopédie, édit. de Genève 1777. Notice de Lenyaire.

(2). La Franche-Comté ancienne et moderne. *Nota*. La Saône n'est point navigable en ce lieu, les trois quarts de l'année.

[3] Hist. manuscrite de Langres, bibliot. nation., à Paris.

[4] Joly, la Franche-Comté, ancienne et moderne. Encyclopédie, au mot port.

[5] Encyclopédie de Genève.

Septième opinion.

Droz, historien de Pontarlier, basant son opinion sur l'ancien martyrologe de Besançon, qui dit qu'on chômait la fête de l'archidiacre Vallere, *apud castrum Bucinum*, veut que *portus* qui signifie aussi bien une gorge de montagne qu'un port, soit applicable au château *d'Usié*, qui est près d'une gorge, et d'une église dédiée à l'archilévite : il dit qu'on pourrait bien prendre *Usié* pour *castrum Bucinum*; il n'y manquerait que les débris d'une ville. On trouve dans le territoire, ceux de deux châteaux; et le rameau de la voye romaine qui se dirigeait de ce côté-là, pourrait bien fixer la situation de l'*oppidum* de la légende (1).

Huitième opinion.

L'auteur d'une histoire manuscrite de Langres pense que *portus Bucinus* est Chargey près Gray, dont l'archidiacre est patron (2).

Neuvième opinion.

C'est à Ovanche que Chevalier a placé le *portus Bucinus* de la notice; une grande partie de son territoire est remplie de ruines, &c. (3).

Dixième opinion.

Le même auteur place encore ce lieu à Pont-les-Bucey (4).

---

[1] Histoire de Pontarlier, par Droz.
[2] Hist. manuscrite de Langres, bibliot. nationale, à Paris.
[3] Histoire de la Franche-Comté. Almanach de 1785. Hist. de Puligny, par Chevalier.
[4] Même ouvrage.

ONZIÈME ET DERNIÈRE OPINION.

Suivant les anciennes légendes, l'archidiacre Vallier ayant vu mourir, à l'arrivée des Vandales, son évêque et la plupart des fidèles, voulut pour éviter la persécution, se retirer dans les déserts du Mont-Jura; arrivé à port Bucin, il y fut arrêté par les barbares qui occupaient déjà ce lieu; il y reçut la mort et fut enterré près de là (1).

On pourrait revendiquer pour Talmay, le stérile honneur d'être le lieu du massacre de Vallère et le port Abucin. Son antiquité qui remonte au de-là du cinquième siècle (2), concourerait à faire adopter ce sentiment, ainsi que l'historien Droz l'a fait pour *Usié*. Il y aurait plus de présomptions à le croire, parce que Talmay est sur la direction de Langres au Mont-Jura. Le vieux chemin pavé qui se dirigeait de Langres à Besançon par Amagétobrie, y passait; il était encore fréquenté au septième siècle, dans la retraite que firent les troupes du malheureux Sigebert, poursuivies par celles du tyran Clotaire. Ce fut à Rion, sur ce même chemin, territoire de Talmay, que périt la reine Brunéhault par d'horribles supplices (3). Le port Rhonot, les ruines d'un lieu, et d'une forteresse appellée Nagey, situés dans le même territoire, au passage de la Saône vis-à-vis d'Amagétobrie (4); la navigation de la Saône connue du tems des Romains qui y entretenaient des

---

[1] Droz, histoire de Pontarlier.
[2] Chronique de Bèze.
[3] Mille, histoire de Bourgogne. Chifflet dans son *Vesontio*. Méprises de la critique d'Autun. Voyez ma dissertation manuscrite sur le lieu de la mort de la reine Brunéhault.
[4] Cartulaire de Talmay.

florilles (1); Nauta Araricus, un chef de Nautonniers sur la Saône, pour le commerce des grains, nouvelle espèce de magistrature formée sous l'empereur Commode (2); puis l'église de Talmay qui était déjà vers l'an 981, sous le vocable de cet archidiacre, sont des probabilités qui soutiennent cette opinion (3).

De nouvelles inductions corroborent ce système, si l'on considère dans le territoire outre Saône, les ruines d'Amagétobrie, l'emplacement entouré de fossés abbreuvés par les eaux de la Saône, dans lequel était construit un château où se tenait une cohorte pour la garde du passage de la Saône (4); l'église de l'apôtre Pierre, bâtie dans l'emplacement d'Amagétobrie, sur les ruines d'un temple de Payens; enfin, ces moyens pourraient bien fixer l'*oppidum* de la légende (5).

On n'ignore pas que le patronage est un titre insuffisant pour assurer la sépulture de l'archilévite, parce qu'il y a beaucoup de lieux qui l'ont pour titulaire et d'autres qui en portent le nom. Tout ce qu'on pourrait encore conjecturer, c'est que durant le passage des Vandales, plusieurs barbares firent des courses de tous côtés, et que quelques compagnons de l'archidiacre, échappés à la persécution, se retirèrent à Talmay, où ils dédièrent une église à leur chef.

---

[1] Recherches sur Gray.
[2] Courtépée, hist. de Bourgogne.
[3] Chronique de Bèze. Spicilège de d'Acheri.
[4] Courtépée, hist. de Bourgogne.
[5] Méprises de la critique d'Autun.

Du temps du passage de Crocus dans les Gaules.

Première Opinion.

Aymoin fait ce Crocus roi des Vandales, et fixe ses ravages dans les Gaules, vers l'an 262 (1).

L'auteur de l'histoire de la Germanie ancienne, fixe aussi les incursions de ce barbare, après la mort de Gallien, depuis l'an 251 à 268 (2).

La légende du Breviaire de Besançon met aussi au troisième siècle ces incursions; cette opinion a été suivie par Courtépée et Béguillet (3).

Varnachaire, clerc de l'église de Langres, auteur des actes des martyrs de ce diocèse, met ce passage vers l'an 264 (4).

Deuxième Opinion.

Les mémoires de l'archevêché de Besançon portent qu'Antides, archevêque de Besançon, fut décapité à Ruffay-sur-l'Ognon, par Crocus, roi des Vandales, vers 384 à 385, sous les empereurs Honoré & Théodore. (5).

Troisième Opinion.

Onuphre & Monstrelet disent que les Vandales

---

[1] Mézerai, abrégé de l'Histoire de France.
[2] Montigni, hist. de la Germanie ancienne.
[3] Légendes du breviaire de Besançon. Courtépée, histoire de Bourgogne.
[4] Mille, histoire de Bourgogne.
[5] Gollut, mémoires des Bourguignons.

réunis aux Allemands & aux Suèves entrèrent dans les Gaules vers l'an 400 (1).

Selon Mézerai, le dernier jour de l'an 406, les Alains & les Vandales, traînans avec eux les Bourguignons & plusieurs autres peuples barbares, passèrent le Rhin, & firent une irruption dans les Gaules, la plus furieuse qu'on eût encore vue (2).

Le docteur de l'église Jérôme, écrivant à Ageruchia en 407, dit que les Vandales entrèrent cette année dans les Gaules & qu'ils ruinèrent la France (3). cette opinion a encore été suivie par Béguillet & Courtépée (4), & par les éditeurs de l'encyclopédie.

Au rapport de Juigné, la ville de Langres fut prise & ruinée par les Vandales, l'an 411 (5).

Vincent, miroir historial, dit qu'en 411, les Vandales coururent sur les Français, & qu'ils ruinèrent beaucoup de villes & cités (6).

Gollut, parlant des Vandales, dit que c'était une nation septentrionale, & que l'an 411, au tems de leur invasion dans les Gaules, on entendait par ce nom les Bourguignons, les Français, les Suèves, les Seines, les Huns, les Gots, les Visigots, les Ostrogots & autres. Sigebert, moine de Gemblours, fixe aussi ces massacres à l'an 411 (7).

C'est une grande question à éclaircir, de savoir si ces assassinats ont eu lieu sous l'empereur Gallien, au

---

[1] Dictionnaire historique de Juigné.
[2] Histoire abrégée de France, tome 1.
[3] Mille, hist. de Bourgogne.
[4] Hist. abrégée du duché de Bourgogne.
[5] Dict. historique.
[6] Vincent, miroir historial, tom. 1.
[7] Gollut, hist. des Bourguignons.

troisième siècle, l'an de l'ère vulgaire 264, ou au 4e. siècle, sous les empereurs Honoré & Théodore, ou au cinquième siècle. Les Bollandistes dans leurs commentaires sur les actes de Varnaire, ont suivi le sentiment du père Vignier, qui se fonde sur le premier, & soutiennent la première époque.

D'autres ont cru que ces massacres arrivèrent au quatrième siècle, parce qu'un évêque de Langres, Didier, se trouva au fameux concile Sardique avec beaucoup d'autres évêques des Gaules.

D'autres enfin pensent qu'ils sont arrivés au commencement du cinquième siècle, lorsque les Alains les Suéves et les Vandales ravagèrent les Gaules.

Pour nous, nous dirons tout uniment que nous rejetons la première époque, parce que nous sommes convaincus que le patriciat n'existait point encore dans les Gaules, puisque cette dignité fut une institution de l'empereur Constantin qui régna depuis l'an 306 à 341 (1). Ainsi l'archilévite Vallier n'aurait pu être né de famille patricienne, cette dignité n'existait point encore.

La seconde opinion qui met ces irruptions au 4e. siècle, pourrait encore être admise plutôt que la troisième qui les recule au commencement du cinquième siècle, comme se rapprochant du tems connu de la vie de l'évêque Didier. On doit donc préférer ce que l'historien Mézerai a écrit dans son Clovis : « Crocus, » roi des Allemands, des Vandales et des Huns, étant » entré dans les Gaules, sacrifia à ses faux Dieux » quantité de victimes innocentes qui refusaient de les

---

[1] Dict. diplomatique de Devaines. Art de vérifier les dates, de Clémençet.

» adorer; entr'autres Privat évêque de Mandes.... et
» selon quelques modernes, Ursule et ses onze mille
» vierges (1) ». Le développement de ce sentiment se
trouve dans Malingre, continuateur de Coeffeteau, qui
sur des monumens Anglais, rapporte à l'an 383 la mort
d'Ursule & de ses onze mille compagnes, et il atrribue
ce carnage à Caûne, général des Huns (2).

Incertitudes sur le temps où le corps de l'archi-
lévite Vallier a été trouvé.

Après la mort de l'archidiacre, son corps resta dans
l'oubli pendant quelque tems; le duc Gauderic qui
allait combattre les Lombards, en ayant eu révélation
fit un vœu de lui bâtir une église, ce qu'il exécuta
après avoir remporté la victoire (3).

A la fin du sixième siècle, sous le règne de Gontran,
roi de Bourgogne, les Lombards firent une irruption
dans la Bourgogne transjurane, c'est-à-dire dans l'Helvétie, et furent enfin rendus tributaires. Pepin les rangea
aussi dans le milieu du 7e. siècle. Peu de temps après,
Charlemagne renversa leur trône en 774. C'est dans
quelques-unes de ces expéditions, que le duc Gauderic
remporta des avantages, mit en vénération le corps de
l'archidiacre Vallier, & lui bâtit une église (4).

---

[1] Mézerai, état de la Religion dans les Gaules.
[2] Hist. romaine.
[3] Droz, hist. de Pontarlier.
[4] *Idem.*

Doute sur le lieu du dépôt des reliques de l'archi-lévite Vallier.

Claude Robert, en fa Gaule chrétienne, dit que les reliques de l'archidiacre Vallier sont à Port de Loüe, ou Léné. L'hiftorien Joly dit que ces reliques font au village du nom de Vallier, proche Port-sur-Saône. Suivant la chronique bénédictine de Dijon, & le martyrologe de Langres, il paraît que le corps de l'archi-lévite a été transféré à l'abbaye de Tonnerre, *Mclugdense monasterium*; & fuivant d'autres, à l'abbaye de Molême, d'où un certain archidiacre en ayant obtenu quelques parcelles, les apporta à l'église cathédrale de Langres, où elles étaient gardées dans le tréfor (1).

Le temps dévorant avait fait perdre celles qui étaient à l'églife de Talmay : Bonniet, chanoine de Langres, recteur de l'églife de Talmay, s'adreffa à l'évêque d'Evreux, abbé de Molême, et il obtint une parcelle, *spina dorsi*, des reliques de l'archilévite, pour être mise en vénération dans l'églife de Talmay, qui avait été fondée en fon honneur. La charte du don de cette relique fut donnée à Autricourt, le 4 Avril 1508 (2).

Erreur du moine Sigebert qui appelle l'archidiacre Vallier, Vincent.

« C'est une erreur dans Sigebert, dit du Sauffay,
» d'appeller cet archidiacre Vincent; on l'attribue moins

---

[1] Mangin, hist. de Langres. *Gallia christiana*. La Franche-Comté ancienne et moderne.
[2] Extrait du cartulaire original de l'Abbaye de Molême.

» à lui qu'aux religieux qui écrivaient sous lui dans
» l'abbaye St.-Vincent de Metz, où il a composé sa
» chronique. Le rapport d'un Vincent, titulaire de leur
» abbaye, assassiné au port de Ronce, ou la méprise
» a pu leur faire prendre le nom de Vincent pour
» celui de Vallier (1).

Gauterot dit qu'il n'ignore pas que Sigebert appelle l'archidiacre vivant du temps de l'évêque Didier, Vincent; mais peut-être qu'alors il y avait deux archidiacres à Langres, ou que Sigebert s'est trompé au nom, car l'église de Langres faisait porter par un Bedeau devant le grand archidiacre, la statue de l'archilévite Vallier dans les grandes fêtes & les processions solennelles (2).

---

[1]. Hist. manuscrite de Langres, Bib. nationale de Paris.
[2] Anastase de Langres, Mangin, histoire de Langres.

DU MASSACRE D'URSULE,

FILLE DE DIONORE,

ROI DE CORNUAILLE,

ET DE

SES ONZE MILLE COMPAGNES.

Maxime, général des armées romaines dans la Grande-Bretagne, profitant de la fermentation où étaient les esprits contre l'empereur Gallien, se fit proclamer Auguste : passant dans les Gaules, il chassa les habitans de l'Armorique, pour en distribuer les terres à deux légions qu'il amena de la Grande Bretagne, commandées par Conan, & afin que cette nouvelle colonie pût peupler, il envoya demander autant de filles à Dionore, roi de Cornuaille, qu'il y avait de soldats dans ses légions, savoir onze mille. Dionore lui en envoya le nombre qu'il demandait, dont la plus noble était Ursule, fille de ce roi, destinée pour Conan. Ces filles furent embarquées partie de bon cœur, partie par force; la tempête les jeta à l'embouchure du Rhin & au milieu des pirates Pictes & Huns, commandés par Canne, leur général, que Gratien avait appellé dans cette mer pour faire la guerre à Maxime. Elles aimèrent mieux souffrir la mort que de consentir à la brutalité de ces brigands, qui de rage les tuèrent toutes (1). Il n'é-

---

(1) Mézerai, avant Clovis.

chappa que Gordule qui s'étant cachée, se fit tuer le lendemain. On connaît les noms d'Ursule, Sentie, Grégoire, Pinnose, Mardie, Palladie, Clémence & Gratie; leurs corps furent recueillis par des fidèles, & portés à Cologne, où l'on fonda un monastère; on y montrait encore les têtes de ces filles. Plusieurs croyent que le lieu de ce monastère est celui de leur assassinat, parce que la terre de cette église ne peut souffrir aucun corps mort. L'évêque Lindan dit que quand ce serait un enfant d'un an qui y serait enterré, la terre le rejette la nuit (1).

Des onze mille compagnes d'Ursule.

Au rapport de Ladvocat, la fille du prince de la Grande-Bretagne fût martyrisée par les Huns auprès de Cologne sur le Rhin, avec plusieurs autres filles qui l'accompagnaient, vers l'an 383, selon la plus commune opinion. Plusieurs écrivains ont dit que les compagnes d'Ursule étaient au nombre de onze mille, & ils les appellent les onze mille vierges; mais Usuard qui vivait au neuvième siècle, dit seulement qu'elles étaient en grand nombre, & d'autres prétendent qu'elles n'étaient que onze en tout. Ils se fondent sur les anciens titres dans lesquels en parlant de ces victimes, on lit ce chiffre romain XI. M. V.; ce qu'ils expliquent par onze martyrs vierges, au lieu de onze mille vierges. D'autres croyent que la principale compagne d'Ursule se nommait *Undecimille*, d'où sont venus l'équivoque & la méprise de ceux qui ont cru que *Undecimille* qui est un nom propre, était le nombre de onze

---

(1) Histoire Romaine continuée par Malingre. Le parfait Géographe de Leroi, édit. de Paris.

mille, ou de *Undecim millia*; cette conjecture est appuyée par un ancien missel de la Sorbonne, où la fête d'Ursule, patrone de la Sorbonne, est marquée de cette sorte : *Festum SS. Ursulæ, Undecimillæ & sociarum virginum martyrum* (1).

Incertitudes du temps de la mort d'Ursule et de ses compagnes.

Mézerai, dans son état de la religion dans les Gaules, rapporte que plusieurs auteurs modernes mettent l'égorgement de la fille du roi de Cornuaille & de ses compagnes dans le tems du passage de Crocus dans les Gaules.

Le même auteur, dans son histoire de France, en parlant du passage des barbares, au commencement du cinquième siècle, dit que quelques-uns conjecturent que ce fût pour lors que se firent ces grandes boucheries d'Ursule & de ses compagnes, que l'on a voulu nommer les onze mille vierges, quoique dans les tombeaux que l'on dit être de ces victimes, on ait trouvé des ossemens d'hommes & d'enfans. Il y a trois ou quatre opinions sur ce sujet, mais pas une sans des difficultés indissolubles (2).

L'auteur de l'histoire des Séquanois, place ce massacre en l'année 451 (3).

Guillaume Naugiac veut que ce soit l'an 453 (4).

Plusieurs autres historiens assurent qu'elles reçurent

---

[1] Dictionnaire historique de Ladvocat. Hist. des reines et maitresses des rois de France.

[2] Avant Clovis, de Mézerai.

[3] Gollut, histoire des Bourguignons.

[4] Dictionnaire historique de Juigné.

la mort fous le pape Pontien, à la perfécution de Décius, qui ferait plus de 200 ans avant Attilla.

Clémencet ne précife point le tems de ces maffacres : il dit qu'Urfule & fes compagnes reçurent la mort aux 4me. ou 5me. fiècle, & que leur fête fe chôme le 21 octobre (1).

Le même auteur dit que Conis ou Conan, furnommé Mériada, commença à règner fur les Bretons-Armoriques, & règna environ 37 ans, jufqu'à l'an 421; que plufieurs favans, mettent au rang des fables le règne de ce premier roi des Bretons (2).

Mézerai dit encore : d'autres voyant les inconvéniens qu'il y a dans cette narration, cherchent une autre conjecture pour placer cette aventure-là, & croyent l'avoir trouvée du tems que Crocus fit une irruption dans les Gaules; d'autres la rejettent à l'an 406, à ce furieux paffage des Vandales qui commirent de fi horribles cruautés. Mais par tout il y a tant de difficultés pour la chronologie & pour les circonftances, qu'il eut été plus aifé de juger où il ne faut pas mettre cet événement, s'il arriva jamais, que de dire là où il faut le mettre (3).

___

[1] Art de vérifier les dates.
[2] Liste des Ducs de la Grande-Bretagne.
[3] Mézerai avant Clovis.

www.ingramcontent.com/pod-product-compliance
Lightning Source LLC
Chambersburg PA
CBHW060556050426
42451CB00011B/1940